사랑하는 _____ 에게

바로 당신을 위한 일

맥스 루케이도 지음   윤종석 옮김

두란노

WHAT GOD DID TO WIN YOUR HEART
HE DID THIS JUST FOR YOU

By MAX LUCADO

Copyright © 2000 by Max Lucado
Published by Word Publishing, Nashville, USA

Korean translation copyright © 2001 by Tyrannus Press
95 Seobinggo-Dong, Yongsan-Ku, Seoul, Korea

This Korean edition is published by arrangement with
Thomas Nelson Inc., Nashville, USA. All rights reserved.

본 저작물의 한국어판 저작권은 Thomas Nelson Inc.와의 독점 계약으로
한국어 판권을 두란노가 소유합니다. 저작권법에 의하여 한국 내에서
보호를 받는 저작물이므로 무단 전재와 무단 복제를 금합니다.

바로 당신을 위한 일

바로 당신을 위한 일

지은이 | 맥스 루케이도
옮긴이 | 윤종석
초판 발행 | 2001. 9. 7
55쇄 발행 | 2025. 4. 12
등록번호 | 제3-203호
등록된 곳 | 서울시 용산구 서빙고동 95번지
발행처 | 사단법인 두란노서원
영업부 | 2078-3333 FAX | 080-749-3705
출판부 | 2078-3444

▮ 책값은 뒤표지에 있습니다.
ISBN 978-89-531-1518-7 03230

▮ 독자의 의견을 기다립니다.
tpress@duranno.com   http://www. duranno.com

두란노서원은 바울 사도가 3차 전도 여행 때 에베소에서 성령 받은 제자들을 따로 세워 하나님의 말씀으로 양육하던 장소입니다. 사도행전 19장 8-20절의 정신에 따라 첫째 목회자를 돕는 사역과 평신도를 훈련시키는 사역, 둘째 세계선교(TIM)와 문서선교(단행본·잡지) 사역, 셋째 예수문화 및 경배와 찬양 사역, 그리고 가정·상담 사역 등을 감당하고 있습니다. 1980년 12월 22일에 창립된 두란노서원은 주님 오실 때까지 이 사역들을 계속할 것입니다.

contents

기다림 11
당신을 향한 하나님의 그리움

약속 37
당신을 위한 하나님의 선물

선택 45
당신을 향한 하나님의 초청

사랑 61
바로 당신을 위한 일

주 66

감사의 말 67

저자에 대하여 68

친구에게

 십자가를 생각하면 무엇이 떠오르는가? 첨탑? 금목걸이? 교회?

 혹 생각이 그보다 깊어져 이런 말들이 떠오르는가? 예수님. 못. 피. 고통. 죽음. 무덤. 무덤? 빈 무덤. 기쁨. 약속. 생명. 구주!

 오, 십자가여! 고통으로 가득 찬 말. 수난으로 가득 찬 말. 약속으로 가득 찬 말. 하나님의 약속. 당신에게 주신 약속. 당신의 영혼을 구원하기 위해서라면 무엇이든 하신다는 약속.

 그렇다. 그분의 생각은 바로 거기에 있다. 그분은 당신을 생각하고 있다. 그분은 당신이 십자가를 생각할 때마다 이것을 알기 원하신다. 그것이 당신을 위한 일, 바로 당신을 위한 일이라는 것을.

축복하며, 맥스 루케이도

기다림

당 | 신 | 을 | 향 | 한
하 | 나 | 님 | 의 | 그 | 리 | 움

The Parable
GOD'S LONGING FOR YOU

하나님이 세상을 이처럼 사랑하사

독생자를 주셨으니 이는 저를 믿는 자마다

멸망치 않고 영생을 얻게 하려 하심이니라

하나님이 그 아들을 세상에 보내신 것은

세상을 심판하려 하심이 아니요

저로 말미암아 세상이

구원을 받게 하려 하심이라

(요한복음 3:16-17).

기다림

당신을 향한 하나님의 그리움

다섯 살 난 매들린이 아빠의 무릎 위로 기어올랐다.

"많이 먹었어?"라는 아빠의 물음에 "네, 더 이상은 못 먹겠어요" 하고 아이는 웃으며 배를 두드렸다.

"할머니가 만들어 주신 파이도 좀 먹었어?"

"몽땅 다 먹었어요!"

조는 식탁 너머로 어머니를 바라보았다. "아 배부르다! 어머니 덕분에 배부르게 잘 먹었습니다. 이제 자야겠어요."

그때 매들린이 고사리 같은 두 손으로 아빠의 큰 얼굴을 만지면서 말했다. "어 하지만, 아빠. 오늘은 크리스마스 이브예요. 우리 춤출 거라고 했잖아요."

조는 잊어버린 척하며 시치미를 떼고는 "아빠가 그랬던가? 춤출 거라고 한 적은 없는 것 같은데?…" 라고 했다.

이 모습을 보고 있던 할머니가 못 말린다는 듯 웃으며 고개를 내젓고는 식탁을 치우기 시작했다.

"아이, 아빠." 매들린이 졸라 댔다. "크리스마스 이브에는 항상 춤췄잖아요. 아빠하고 나하고 둘이 서만. 기억 나요?"

조의 짙은 콧수염 밑으로 웃음이 터져 나왔다. "물론 기억 나지, 매들린. 어떻게 그걸 잊어버리겠니?"

이렇게 말하며 조는 일어나 딸의 손을 잡았다. 그 순간, 적어도 그 순간만은 그의 아내가 다시 살아났다. 해마다 크리스마스 전야가 되면 부부는 서재로 걸어가 둘만의 시간을 보내곤 했었다. 저녁 내내 춤을 추면서.

평생 그렇게 춤을 추었을 것이다. 그러나 아내는

갑자기스럽게 임신을 했고 출산의 위독한 상황이 닥쳤다. 다행히 매들린은 살아났지만 엄마는 그렇지 못했다. 이렇게 해서 미네소타 출신의 정육점 주인 조는 두꺼비 같은 손으로 딸 매들린을 혼자 키워야 했다.

"어서, 아빠." 매들린이 아빠의 손을 잡아끌었다. "사람들이 오기 전에 춰야죠." 맞다. 조금 있으면 벨이 울리고 온 집안이 친척들로 북적거릴 터였다. 그렇게 이 밤이 지날 것이다.

하지만 그 순간만은 아빠와 매들린 단둘만의 시간이었다.

하나님의 놀라운 사랑

자식을 향한 부모의 사랑은 그 위력이 엄청나다. 갓난아기를 둔 부부를 생각해 보라. 아기가 부모에게 주는 것은 아무것도 없다. 돈도 줄 수 없고 기술도 줄 수 없고, 지혜로운 말도 해줄 수 없다. 포대기에 누워 있는 아기는 전적으로 무력한 존재이다. 거기 사랑할 만한 것이 무엇이 있겠는가?

하지만 그것이 무엇이건, 엄마 아빠는 반드시 찾아낸다. 아기에게 젖을 물린 엄마의 얼굴이나 아기를 안고 어르는 아빠의 눈을 보라. 당신이 혹 아기를 다치게 하거나 아기에 대해 나쁘게 말한다면 당신은 그 즉시 무서운 힘과 맞닥뜨리게 될 것이다. 부모의 사랑은 어마어마한 힘이 있기 때문이다.

예수님은 이렇게 물으셨다. "죄인인 인간에게 그런 사랑이 있을진대 하물며 죄와 사심이 없으신 하나님 아버지는 얼마나 더 우리를 사랑하시랴?"[1] 하지만 사랑이 사랑으로 돌아오지 않을 때 어떤 일이 벌어지는가? 아이가 아버지의 사랑에 등을 돌리고 떠날 때 아버지의 마음은 어떤가?

딸아이의 반항은 조의 삶에 미네소타의 한파처럼 들이닥쳤다. 운전할 나이가 되면서부터 매들린은 자기 인생은 자기가 알아서 하기로 결심했다. 그 인생에는 아버지가 끼어들 자리가 없었다.

"이런 일이 있을 줄 진작 알았어야 했는데 꿈에도 몰랐구나." 조의 때늦은 말이었다. 그는 어떻게 해야 좋을지 몰랐다. 몸에 딱 붙는 옷이며 코걸이에

기다림

어떻게 대처해야 할지 막막했다. 밤늦은 귀가며 형편없는 성적이 이해되지 않았다. 무엇보다 딸아이에게 언제 말해야 하고 언제 침묵해야 할지 혼란스러웠다.

반대로 매들린은 모든 것을 알았다. 아버지에게 언제 말해야 하는지 알았다. 하지만 아버지에게 말할 일은 없었다. 언제 침묵해야 하는지도 알았다. 항상 침묵하면 되었다. 그러나 곧 상황이 역전됐다. 매들린이 몸에 문신을 새긴 호리호리한 체격의 건너편 동네 아이와 어울리기 시작한 것이다. 그는 썩 좋은 아이가 아니었고 조도 그것을 알았다.

딸아이가 그 아이와 크리스마스 이브를 보내도록 한다는 것은 조에게 있을 수 없는 일이었다.

"매들린, 오늘밤은 가족들하고 같이 보내자. 할머니 집에서 할머니가 만들어 주시는 파이 먹으면서 크리스마스 이브는 집에서 함께 보내는 거야. 알았지?"

식탁에 같이 앉긴 했지만 딴 세상에 있는 거나 마찬가지였다. 매들린은 음식만 깔짝거릴 뿐 일절 말이 없었다. 할머니가 조에게 말을 걸어 보지만 전혀

이야기할 기분이 아니었다. 화가 나기도 하고, 가슴이 찢어지는 것 같기도 했다. 한때 자신의 무릎에 앉곤 하던 아이, 이 아이와 대화할 수 있다면 세상에 못할 일이 없으리라.

곧 친척들이 도착하면서 다행히 어색한 침묵이 깨졌다. 모여든 사람들로 집안이 왁자지껄했지만 조는 한쪽에 그대로 있고 매들린은 반대쪽에 뾰루퉁하여 앉아 있었다.

"형 음악 틀어야지." 조의 동생이 조에게 말했다. 조는 음악을 틀고는 돌아서서 딸아이를 향해 걸어갔다. 그리고는 딸아이가 흔쾌히 응하리라 생각하며 "오늘밤 아빠와 함께 춤출래?"라고 물었다.

순간, 매들린이 발끈 화를 내며 돌아섰다. 누가 보면 아빠가 딸에게 욕이라도 한 줄 알았을 것이다. 온 친척들이 지켜보는 가운데 매들린은 현관을 빠져나가 길거리로 나섰다. 아버지를 홀로 남겨 둔 채.

철저히 홀로 남겨 둔 채.

하나님의 원수

성경에 의하면 우리도 이러했다. 우리는 아버지의 사랑을 야멸차게 거부했다 "우리는 다 길 잃은 양처럼 제각기 잘못된 길로 갔다"(이사야 53:6 현대인).

하지만 바울은 이러한 우리의 반역을 한걸음 더 깊이 끌고 들어간다. 즉, 우리는 단지 외면한 정도가 아니라 그분을 대적했다. 우리는 '경건치 않은 자' 즉 '하나님을 대적하여 살던 자'(로마서 5:6)였다.

10절에 가면 그보다 더 강한 표현이 나온다. "우리가 [하나님의] 원수 되었을 때에." 너무 심한 표현 아닌가? 원수란 곧 적이다. 해치는 자이다. 모르고 해치는 것이 아니라 고의로 해치는 자이다. 우리가 그렇단 말인가? 우리가 하나님의 원수 된 적이 있단 말인가? 우리가 아버지를 대적한 적이 있단 말인가?

당신은 어떤가?

· 하나님이 원하시지 않는 일인 줄 알면서도 행

한 적이 있는가?
- 하나님의 자녀나 피조 세계의 일부를 해친 일이 있는가?
- 하나님의 적인 마귀의 일을 거들거나 성원한 일이 있는가?
- 대중 앞에서 하늘 아버지를 모른 척한 일이 있는가?

있다면, 당신은 그분의 원수 역할을 한 것이 아닌가?

성경에 의하면 우리는 '본질상 진노의 자녀'(에베소서 2:3)이다. 우리가 선을 행할 수 없다는 말이 아니다. 선도 행한다. 그보다는, 우리가 악을 행하지 않을 수 없다는 말이다.

"의로운 사람은 없으니…모든 사람이 죄를 지어 하나님의 영광스러운 표준에 미치지 못하였"다(로마서 3:10, 23 현대인).

이런 강한 표현에 이의를 제기할 사람들도 있을 것이다. 그들은 주변을 둘러보며 말한다. "다른 사람들한테 비하면 나는 그래도 괜찮은 편이야." 돼지도 그와 비슷한 말을 할 수 있다는 것을 아는가? 자기 여물통의 동료들을 둘러보며 이렇게 선포할 수 있다. "난 누구 못지 않게 깨끗해." 그러나 인간에 견준다면 돼지는 도움이 필요한 상태에 있다. 우리 인간도 하나님에 견준다면 똑같이 도움이 필요한 상태에 있다. 무죄의 표준은 이 땅의 돼지 여물통이 아니라 하늘의 보좌에 있다. 하나님 자신이 표준이다.

우리 하나님은 완전하신 하나님이다. 죄로 오염되지도 않으셨고 실수의 덫에 묶여 있지도 않으시다. 우리를 보면 흙탕물밖에 안 보이지만 하나님은 순결 그 자체이시다. 우리는 어둠 속에 거하지만 그분은 빛 가운데 거하신다. 그분은 한 번도 죄를 지으신 일이 없다.

반면 우리는 죄를 짓지 않으며 산 적이 없다. 하나님은 영원의 시간을 죄 없이 살아오셨다. 나라면 죄 없이 단 한 시간만 산다면 감격할 것이다! 하지만 한 번도 그런 적이 없다. 당신은 있는가? 1시간 동안 죄를 딱 하나만 짓고 살아 본 적이 있는가? 나도 없다. 하지만 단순히 비교를 위해, 당신이 그렇게 살았다고 하자. 당신이 평균 한 시간에 하나 꼴로만 죄를 지으며 평생을 살아왔다고 하자. 산수를 한번 해볼까? 평균 수명을 72년으로 본다면 당신이 지은 죄는 630,720번이 된다. 이 책을 읽고 있으니까 우수리는 떼고 600,000번이라고 하자.

이제 당신이 하나님 앞에 서는 순간을 머리 속에 그려 보라. 잊지 말라. 그분은 완전하신 하나님이며 천국은 완전한 곳이다. 당신은? 당신도 완전할 것이다. 기록에 남아 있는 600,000번의 실수만 빼고는. 항거할 수 없는 불완전과 죄의 홍수가 당신과 하나님 사이를 갈라놓고 있다.

우리에게는 문제가 있다. 우리는 죄인이다. 그리고 하나님은 말씀하신다. "죄의 대가는 죽음이다" (로마서 6:23 현대인).

우리는 어떻게 할 것인가? 이렇게 우리가 그분의 원수가 될 때 하나님은 어떻게 반응하시는가?

매들린은 그날 밤 돌아왔다. 그러나 오래 머물지 않았다. 조는 집 나간 딸을 탓하지 않았다. 누가 정육점 집 딸로 지내는 것을 좋아하겠는가? 함께 지내던 마지막 며칠 동안 조는 최선을 다했다. 딸이 제일 즐겨 먹는 음식도 만들어 주었다. 그러나 딸은 먹으려 하지 않았다. 극장에 가자고도 해보았다. 그러나 딸은 방 안에 틀어박혀 있었다. 새 옷도 사 주었다. 하지만 고맙다는 말 한마디 없었다. 그리고는 그 봄날이 찾아왔다. 조는 딸아이가 학교에서 돌아올 시간에 집에 있고 싶어 일찍 정육점 문을 닫았다.

그러나 바로 그날이 딸아이가 영영 집으로 돌아오지 않는 날이 될 줄이야.

한 친구가 매들린이 남자 친구와 함께 있는 것을 버스 터미널 근방에서 보았다. 시카고 행 버스 표를 샀다는 것도 확인이 되었다. 그러나 그 다음 어디로 갔는지는 아무도 몰랐다.

집으로 가는 길

세상에서 가장 악명 높은 길은 '비아 돌로로사(Via Dolorosa)' 즉 슬픔의 길이다. 전통에 따르면 예수께서 빌라도의 뜰에서 갈보리로 가신 길이 바로 그 길이었다고 한다. 그 길에는 그리스도인들이

흔히 헌신의 목적으로 활용하는 14개의 지점이 표시되어 있다. 그중 한 지점에서 빌라도의 선고가 내려졌다. 시몬이 나타나 십자가를 진 지점도 있다. 그리스도께서 넘어지신 지점도 두 군데 있고, 그리스도께서 말씀하신 지점도 있다. 14개 지점들은 각각 그리스도의 마지막 여정 중에 일어난 사건들을 되새겨 주고 있다.

이 길은 정확한 것일까? 그렇지 않을 것이다. AD 70년 그리고 다시 AD 135년에 예루살렘이 파괴되면서 도시의 거리들도 파괴되었다. 따라서 그 금요일 그리스도께서 걸으시던 정확한 길은 아무도 모른다.

하지만 그 길이 시작된 곳만은 확실하다.

그 길은 빌라도의 법정이 아니라 천국의 뜰에서 시작되었다. 아버지가 우리를 찾아 하늘의 집을 떠나시던 날, 그 여정은 시작되었다. 그분은 오직 당신의 마음을 얻으시겠다는 그 열정 하나만으로 찾아오셨다.

이것이 기독교 메시지의 심장이다. 하나님이 인간이 되셨다. 그분은 평범한 부모 밑에 평범한 마구

간에서 태어났다. 그러나 그분이 오신 목적은 특별한 것이었다. 그분은 우리를 천국으로 데려가기 위해 오셨다. 그분의 죽음은 우리의 죄를 위한 희생이었다. 예수님은 우리를 대속하셨다. 우리가 대가를 치르지 않아도 되도록 우리 실수의 대가를 대신 치르신 것이다. 예수님의 뜻은 오직 하나, 자녀들을 집으로 데려오는 것이었다. 성경은 이 여정을 한마디로 화목하게 하심이라고 표현한다.

"하나님께서 그리스도 안에 계시사 세상을 자기와 화목하게 하"신다(고린도후서 5:19). 화목하게 한다는 말은 헬라어로 '상태를 되돌려 놓는다'[2]는 뜻이다. 화목하게 함이란 뜯어진 것을 다시 꿰매는 것이요 반항하는 마음을 되돌리는 것이요 싸늘히 식은 열정에 다시 불을 지피는 것이다.

화목하게 한다는 것은 고집 부리는 아이의 이께를 어루만져 집으로 오라고 타이르는 것이다.

몸에 문신을 새긴 그 호리호리한 소년에게는 사촌이 하나 있었다. 그 사촌은 휴스턴 남부의 한 편의점에서 야간 근무를 하고 있었다. 그는 한 달에

몇 달러만 주면 가출 청소년들을 자기 방에 재워 주었다. 물론 낮에는 다들 나가 주어야 했지만 말이다.

하지만 낮 동안 밖에 나가 있는 거야 그 둘에게는 아무 문제가 없었다. 가출한 그들에게는 모두 큰 꿈이 있었으니까. 그는 자동차 정비공이 될 참이었고, 매들린은 백화점에 취직될 거라고 철석같이 믿고 있었다. 물론 그는 자동차에 대해 아는 것이 하나도 없었고, 매들린 역시 어떻게 하면 직업을 얻을 수 있는지 전혀 몰랐다. 하지만 자유에 취해 있을 때 그런 것은 전혀 문제가 되지 않는 법이다.

몇 주 후 사촌의 마음이 변했다. 사촌이 결심을 통고하던 날 매들린의 남자 친구도 자신의 결심을 알렸다. 매들린은 하루아침에 길거리로 나앉고 말았다. 잠잘 곳도 없었고 의지할 사람도 없었다.

그러나 그것은 앞으로 다가올 고생의 시작에 지나지 않았다.

공원의 한 여자가 매들린에게 다리 근처의 노숙자 시설에 대해 이야기해 주었다. 몇 달러만 내면 따뜻한 국물과 간이 침대를 얻을 수 있다고 했다.

기다림

매들린이 가진 거라곤 그 몇 달러가 전부였다. 가방을 베개 삼고 겉옷을 담요 삼아 자리에 누웠다. 방 안이 너무 시끄러워 잠을 잘 수 없었다. 매들린은 벽 쪽으로 고개를 돌렸다. 가출 후 처음으로 아버지 생각이 났다. 잘 자라며 입 맞춰 주던 아버지의 구레나룻 난 얼굴이 떠올랐다. 눈가가 젖어 왔지만 매들린은 애써 눈물을 참았다. 추억을 안으로 꾹 누른 채 집 생각을 하지 않기로 다짐했다.

돌아가기엔 이미 너무 멀리까지 왔다.

이튿날 아침 옆 침대의 소녀가 매들린에게 지폐 한 뭉치를 보여 주었다. 테이블에 올라 춤을 추고 받은 팁이라 했다. "난 오늘밤이면 여기 끝이야. 이제 내 방 값을 벌 수 있거든. 춤출 아이가 더 필요하다고 하던데, 너도 와 봐." 소녀는 주머니에 손을 넣어 성냥갑을 꺼냈다. "여기 주소 있어."

매들린은 생각만 해도 속이 부글거렸다. 그래서 가까스로 이렇게 웅얼거렸다. "생각해 볼게."

매들린은 일주일 내내 일자리를 찾아 길거리를 방황했다. 한 주가 지나고 노숙자 시설에 돈을 지불할 때가 되자 매들린은 주머니에 손을 넣어 성냥갑을 꺼냈다. 갈 곳이라곤 그곳밖에 없었다.

"오늘밤은 나가서 잘게요." 그렇게 말하고 문밖으로 나갔다.

굶주림은 결심을 꺾는 법이다.

교만과 수치

교만과 수치. 이 둘은 너무 달라 보인다. 교만은 가슴을 내밀 대로 내민다. 수치는 고개를 숙일 대로 숙인다. 교만은 뻐긴다. 수치는 숨는다. 교만은 내보이려 한다. 수치는 달아나려 한다. 이 때문에 당신은 이 둘이 자매임을 몰랐을지도 모른다.

그러나 속지 말라. 두 감정은 출신이 같다. 파급효과도 같다. 교만도 수치도 당신을 하늘 아버지께 나아가지 못하게 막는다.

교만은 말한다. "넌 이렇게 착한데 하나님을 찾을 필요 있니?"

수치는 말한다. "넌 너무나 악하고 추해서 하나님께 갈 수 없어."

교만은 당신을 몰아낸다.

기다림

수치는 당신을 가둔다.

교만이 넘어지게 하는 앞잡이라면 수치는 넘어진 뒤 다시는 일어나지 못하게 한다.

매들린이 할 줄 아는 게 있다면 춤추는 것이었다. 아버지가 가르쳐 준 것이다. 이제 아버지 나이의 남자들이 매들린을 구경했다. 매들린은 자신의 처지를 합리화하지 않았다. 아무 생각도 하지 않았다. 단지 일을 하고 돈을 받을 뿐이다.

아마 그렇게 영영 생각하지 않고 살았을 것이다. 그 편지만 아니었다면 말이다. 헤어진 남자 친구의 사촌이 편지를 가져왔다. 한 통도 아니고 두 통도 아니고 상자에 편지가 가득했다. 그 모두가 매들린 앞으로 보낸 것이었다. 그리고 모두 아버지가 보낸 것이었다.

"네 옛날 남자 친구가 일렀나 봐. 편지가 일주일에 두세 통씩 온다니까." 사촌은 투덜거렸다. "바뀐 주소를 알려 드려." 하지만 그럴 순 없다. 그것만은 할 수 없었다. 아버지가 찾아오면 어떡하라고.

봉투를 뜯을 수도 없었다. 내용은 뻔했다. 집에

돌아오라는 말일 것이다. 하지만 그녀가 무슨 일을 하고 있는지 안다면 아버지도 더 이상 편지 같은 건 쓰지 않을 것이라고 생각했다.

차라리 읽지 않는 편이 덜 괴로울 것 같았다. 그래서 읽지 않았다. 사촌이 더 많은 편지를 가져온 다음 주에도, 사촌이 다시 찾아온 그 다음 주에도, 매들린은 편지를 읽지 않았다. 그저 편지가 온 날짜대로 나이트클럽 탈의실에 쌓아 두었다. 배달된 편지의 겉봉을 만지작거리긴 했지만 차마 뜯을 수는 없었다.

매들린은 대부분의 날들을 무감각하게 살 수 있었다. 집 생각이며 창피하다는 생각 따위는 마음 한 구석에 묻어 두었다. 그러나 가끔은 억누를 수 없이 그런 생각에 사로잡힐 때도 있었다.

옷가게 쇼윈도에서 그 옷을 보던 날도 그랬다. 전에 아버지가 사 준 옷 색깔이었다. 그때는 왠지 그 옷이 별로 마음에 들지 않았다. 마지못해 그 옷을 입고 아버지와 나란히 거울 앞에 서자 아빠는 "와, 키가 벌써 아빠만 하네"라며 기뻐했었다. 그러나 그녀는 그런 아버지의 손길이 부담스러웠다.

쇼윈도에 비친 자신의 피곤한 얼굴을 보노라니 다시 아버지의 품에 안길 수만 있다면 옷 같은 건 천벌 만벌이라도 다 줄 수 있을 것만 같았다. 매들린은 가게 앞을 떠났다. 다시는 그리로 지나가지 않으리라 다짐하면서.

선택

우리는 다 선택하며 살아간다. 지혜롭게 선택할 때도 있고 그렇지 못할 때도 있다. 하나님은 영원한 선택권을 주시며, 그 선택에는 영원한 결과가 뒤따른다.

당신도 살아오면서 몇 가지 잘못된 선택을 내린 일이 있다. 그렇지 않은가? 친구를 잘못 선택했고 어쩌면 직업을 잘못 선택했고 배우자마저 잘못 선택했을 수 있다. 인생을 돌아보며 당신은 이렇게 말한다. "그 잘못된 선택들을 보상할 수만 있다면…, 보상할 수만 있다면." 보상할 수 있다. 영원을 향한 하나의 바른 선택이 이 땅에서의 천만 가지 잘못된 선택을 상쇄할 수 있다. 선택권은 당신에게 있다.

예수님이 이 땅에 오신 이후로 이 영원한 선택권은 우리의 것이 되었다. 하지만 어떻게 어떤 사람들은 영생을 선택하고 어떤 사람들은 거절할 수 있는 것일까? 두 사람이 동일한 예수님을 보았는데 어떻게 하나는 그분을 욕하는 길을 선택하고 다른 하나는 그분께 기도하는 길을 선택할 수 있는 것일까? 나는 모른다. 그러나 그런 일이 벌어졌다.

그것이 십자가에서 있었던 일이다. 그날, 예수께서 죽으시던 그날, 언덕에는 두 개의 십자가가 더 있었다. 두 강도가 동일한 죽음을 맞고 있었다. 이 두 십자가는 우리에게 하나님의 가장 위대한 선물 중 하나인 선택권의 선물을 일깨워 준다. 한 사람은 예수님을 택했지만 다른 사람은 단순히 그분을 욕했다. 이 절절한 사연이 성경에 기록돼 있다.

함께 십자가에 달린 죄수 중 한 사람은 "당신이 그리스도가 아니오? 당신 자신과 우리를 구원하시오" 하며 예수님을 모욕하였으나 다른 죄수는 그를 꾸짖으며 "너는 똑같이 사형 선고를 받고도 하나님을 두려워하지 않느냐? 우리는 죄를 지었기 때문에 이런 벌을 받아도 싸지만 이분은 잘못한 것이 아무

기다림

것도 없다" 하였다. 그리고서 그가 "예수님, 당신의 나라에 들어가실 때 저를 기억해 주십시오" 하자 예수님은 그에게 "내가 분명히 말하지만 오늘 네가 나와 함께 낙원에 있게 될 것이다" 하고 말씀하셨다 (누가복음 23:39-43 현대인).

죽어 가는 한 강도가 기도하자 예수님은 그를 사랑하사 구해 주셨다. 다른 강도가 욕하자 예수님은 그를 사랑하사 그냥 두셨다.

그분은 그에게 선택권을 주셨다.

당신에게도 똑같이 하신다.

세월이 흘러 낙엽이 지고 바람이 차가워졌다. 사촌의 투덜거림 속에 편지는 계속 왔고 편지 더미는 쌓여만 갔다. 아직도 매들린은 아버지에게 새 주소를 알리지 않았다. 편지도 읽지 않았다.

그러다 크리스마스 이브를 며칠 앞두고 다시 편지가 한 통 왔다. 모양도 같았고 색깔도 같았다. 그러나 이번에는 소인이 없었다. 사촌이 가져다 주지도 않았다. 그 편지는 탈의실 탁자 위에 놓여 있었다.

"며칠 전에 어떤 체구가 큰 남자가 와서는 이 편지를 너한테 전해 달라고 하더라. 받아 보면 알 거라던데." 춤추는 애들 중 한 명이 말했다.

"아버지가 여기 왔었어?" 매들린은 불안하게 물었다.

그러자 편지를 전한 여자가 어깨를 으쓱하며 말했다. "그럴 수밖에 없었나 봐."

매들린은 힘들여 침을 삼키며 봉투를 보았다. 봉투를 열고 카드를 꺼냈다. 카드엔 이렇게 써 있었다. "네가 여기 있는 것, 알고 있다. 네가 뭘 하는지도 안다. 하지만 아빠 마음은 변함없단다. 여태까지 편지마다 썼던 말, 지금도 그대로란다."

"앞에 뭐라고 쓰셨는데요? 난 앞의 편지들을 하나도 읽지 않았는데…." 매들린은 중얼거렸다. 그리고는 편지 더미의 맨 위에 있던 것을 꺼내 읽었다. 두 번째. 세 번째. 편지마다 똑같은 말이 적혀 있었다. 똑같은 질문이었다.

순식간에 마루바닥은 종이로 지저분해졌고 매들린의 얼굴은 눈물로 얼룩졌다.

1시간도 되지 않아 매들린은 버스에 올라 있었

다. "어쩌면 시간 안에 갈 수 있을지도 몰라."

정말 가까스로 시간 안에 도착했다.

친척들은 막 떠나려던 참이었다. 조가 부엌에서 어머니를 거들고 있었는데, 조용해진 서재에서 갑자기 동생이 부르는 소리가 들렸다. "형, 누가 찾아왔어."

조는 부엌에서 나와 멈춰 섰다. 아이의 한 손에는 가방이 들려 있었고, 다른 손에는 카드가 들려 있다. 조는 딸의 눈이 뭔가를 말하려 한다는 것을 알 수 있었다.

"좋아요. 아빠. 아빠의 초청이 아직도 유효하다면 받아들이겠어요."

조는 가까스로 침을 삼켰다. "유효하고 말고. 초청은 유효해."

그렇게 두 사람은 크리스마스 이브에 다시 춤을 추었다.

문 곁 바닥에는 매들린의 이름과 아빠의 초청이 적힌 편지가 떨어져 있었다.

"집에 와서 다시 아빠랑 춤추지 않을래?"

약속

당 | 신 | 을 | 위 | 한
하 | 나 | 님 | 의 | 선 | 물

The Promise
GOD'S GIFT FOR YOU

약속

당신을 위한 하나님의 선물

십자가. 눈길을 어디로 돌리든 십자가 없는 곳이 있는가? 교회당 첨탑에 세워진 십자가. 묘비에 새겨진 십자가. 반지에 새긴 십자가. 목걸이에 달린 십자가. 십자가는 세계 어디서나 기독교의 상징이다. 엉뚱한 선택 아닌가? 고문의 도구가 희망의 물결을 주도하게 되다니. 다른 종교들의 상징물은 한결 밝다. 유대교의 다윗의 별, 회교의 초승달 문양, 불교의 연꽃. 하지만 기독교의 십자가? 처형의 도구를?

당신이라면 사형용으로 쓰는 소형 전기 의자를

목에 걸고 다니겠는가? 교수형 밧줄에 금을 입혀 벽에 걸어 두겠는가? 명함에 총살형 집행대의 사진을 그려 넣겠는가? 하지만 그것이 우리가 십자가로 하는 일이다. 기도할 때 십자가 모양을 긋는 사람들도 많다. 당신이라면 기도할 때 예컨대 단두대 모양을 긋겠는가? 양어깨와 이마에 손을 대는 대신 손바닥에 가라테 일격은 어떤가? 느낌이 전혀 다르지 않은가?

십자가는 왜 우리의 믿음의 상징인가? 먼 데서 대답을 찾을 필요가 없다. 십자가 자체를 보면 된다. 모양이라면 십자가만큼 단순한 것이 있을까? 가로 막대기 하나에 세로 막대기 하나. 하나는 밖으로 향한다. 하나님의 사랑처럼. 하나는 위로 향한다. 하나님의 거룩함처럼. 하나는 그분의 사랑의 넓이를 가리키고 다른 하나는 그분의 거룩함의 높이를 보여 준다. 십자가는 그 둘이 만나는 곳이다. 십자가는 하나님이 자신의 기준을 낮추지 않으면서 그 자녀들을 용서하시는 곳이다.

하지만 그 일을 어떻게 이루시는가? 한마디로, 하나님은 우리의 죄를 그 아들에게 옮겨 놓고 십자가에서 그 죄를 벌하신다.

"하나님이 죄를 알지도 못하신 자로 우리를 대신하여 죄를 삼으신 것은 우리로 하여금 저의 안에서 하나님의 의가 되게 하려 하심이니라"(고린도후서 5:21).

현대인의 성경에서는 다음과 같이 번역되어 있다. "하나님이 죄를 알지도 못하신 그리스도에게 우리 죄를 대신 지우신 것은 우리가 그리스도 안에서 하나님에게 의롭다는 인정을 받도록 하기 위한 것입니다".

그 순간을 머리 속에 그려 보라. 하나님은 보좌에 앉아 계신다. 당신은 이 땅에 있다. 당신과 하나님 사이, 당신과 하늘 사이에 그리스도가 십자가에 달려 있다. 당신의 죄가 예수님께 옮겨져 있다. 죄를 벌하시는 하나님이 당신의 범죄에 대해 마땅히 진노를 발하신다. 그 진노를 예수님이 받으신다. 당신은 받지 않는다. 당신과 하나님 사이에 그리스도가 계시기 때문이다. 죄는 벌을 받았다. 그러나 당신은 안전하다. 십자가의 그림자에 가려 안전하다.

이것이 하나님이 하신 일이다. 하지만 왜, 그분은

왜 그렇게 하시는가? 도덕적 의무 때문에? 천국의 규정 때문에? 부모의 본분 때문에? 아니다. 하나님은 아무것도 할 의무가 없다.

게다가, 그분이 하신 일을 생각해 보라. 그분은 자기 아들을 내주셨다. 하나뿐인 아들을. 당신이라면 그렇게 하겠는가? 다른 누군가를 위해 자식의 목숨을 내놓겠는가? 나는 못한다. 내 목숨이라면 기꺼이 바칠 대상들이 있다. 하지만 내 딸을 대신 죽일 대상의 목록을 적어 보라면? 종이는 깨끗하다. 연필도 필요 없다. 목록에 올릴 이름은 하나도 없다.

하지만 하나님의 목록에는 이 세상을 살던 사람들의 이름이 다 적혀 있다. 그것이 그분의 사랑의 범위인 까닭이다. 그리고 그것이 십자가의 이유이다. 그분은 세상을 사랑하신다.

"하나님이 세상을 이처럼 사랑하사 독생자를 주셨"다(요한복음 3:16).

세로 막대기가 하나님의 거룩하심을 당당히 선포하듯 가로 막대기는 그분의 사랑을 선포한다. 오, 그분의 사랑은 얼마나 넓고 넓은가.

요한복음 3장 16절이 다음과 같지 않아 얼마나 다행인가.

"하나님이 부자들을 이처럼 사랑하사…."

"하나님이 유명한 사람들을 이처럼 사랑하사…."

"하나님이 날씬한 사람들을 이처럼 사랑하사…."

아니다. "하나님이 유럽인들을 혹은 아프리카인들을… 술 안 마시는 사람들을 혹은 성공한 사람들을… 젊은이들을 혹은 나이든 사람들을… 이처럼 사랑하사…." 그것도 아니다.

아니다. 요한복음 3장 16절을 읽을 때 우리는 단순히 (그리고 기쁘게) 이렇게 읽는다. "하나님이 세상을 이처럼 사랑하사…."

하나님의 사랑의 반경은 얼마나 넓은가? 온 세상을 품을 만큼 넓다. 그 세상에 당신도 포함되는가? 그렇다면 당신도 하나님의 사랑에 포함된다.

포함된다는 것은 얼마나 좋은 일인가. 당신은 언제나 그렇지만은 않다. 똑똑하지 않으면 대학은 당신을 제외시킨다. 자격이 되지 않으면 사업도 당신을 제쳐 놓는다. 안타까운 사실이지만, 착하지 않으면 일부 교회마저 당신을 따돌린다.

하지만 대학과 사업과 교회는 당신을 빼놓을지 몰라도 그리스도는 당신을 끼워 주신다. 자신의 사랑의 넓이가 얼마나 되느냐는 질문 앞에 그분은 한 손을 오른쪽으로 펴고 또 한 손을 왼쪽으로 펴신 뒤 그 위치에 못을 박아 버리셨다. 당신을 사랑하면서 죽어 간 사실을 당신이 깨닫게 하기 위해서.

선택

당 | 신 | 을 | 향 | 한
하 | 나 | 님 | 의 | 초 | 청

The Privilege
GOD'S INVITATION TO YOU

선택
당신을 향한 하나님의 초청

내가 일곱 살 때 일주일 동안 할머니 할아버지 집을 방문하러 가던 일이 기억 난다. 엄마 아빠는 표를 사 주고 용돈을 준 뒤 나를 고속 버스에 태워 주면서, 낯선 사람들과 얘기하거나 창밖에 할머니가 보일 때까지 절대 버스에서 내리면 안된다고 말했다. 두 분은 내 목적지가 텍사스 롤스임을 아주 똑똑히 일러 주셨다.

하나님도 당신에게 똑같은 일을 하셨다. 그분은 당신에게 길을 떠나게 하셨다. 그분께는 당신의 삶에 대한 목적지가 있다. (그곳이 텍사스 롤스가 아님을 알면 당신도 다행으로 여기리라.)

"하나님이 우리를 택하신 것은 벌하시기 위한 것이 아니라 우리 주 예수 그리스도를 통해 우리가 구원을 얻도록 하기 위한 것"이다(데살로니가전서 5:9 현대인).

성경에 의하면 당신의 삶에 대한 하나님의 목적지는 구원이다. 당신에게 예정된 도착지는 천국이다. 하나님은 나의 부모님이 한 바로 그 일을 하셨다. 그분은 당신의 통행증을 사 주셨다. 당신의 여행에 필요한 것들을 갖춰 주셨다. 하나님은 당신을 너무도 사랑하시기에 당신이 영원히 그분과 함께 있기를 원하신다.

그러나 선택은 당신 몫이다. 값을 지불한 표와 여행에 쓸 용돈을 들고 그분이 문간에 서 계심에도 불구하고…, 많은 사람들이 하나님이 뜻하신 길이 아닌 다른 길을 택하고 있다. 그것이 문제다.

우리의 문제 : 죄

(우리는 엉뚱한 버스에 올라 있다)

부모님이 내게 표를 주시며 버스에 타라고 했을 때 나는 두 분 말을 믿고 하라는 대로 했다. 나는 부모님을 믿었다. 그분들이 나를 사랑하신다는 것과 나보다 더 많은 것을 아신다는 것을 알았다. 그래서 나는 버스에 올랐다.

그리스도인이 된다는 것은 그리스도와 함께 버스에 타는 것이다. 예수님은 버스 문에 서서 말씀하신다. "나는 길이요 진리요 생명이다 나를 통하지 않고는 아무도 아버지께로 가지 못한다"(요한복음 14:6 현대인). 불행히도 이 초청을 모든 사람이 다 받아들이는 것은 아니다. 나 역시 그분이 처음 초청하셨을 때는 받아들이지 않았었다. 나는 엉뚱한 버스에서 꽤 시간을 허송했다.

버스는 많이 있다. 저마다 당신을 행복의 나라로 데려다 주겠다고 약속한다. 쾌락의 버스, 소유의 버스, 권력의 버스, 열정의 버스. 나는 파티라는 이름의 버스를 보고는 올라탔다. 사람들이 버스에 꽉 차서 웃고 마시며 떠들고 있었다. 논스톱 파티를 즐기고 있는 것 같았다. 얼마간 시간이 지나서야 나는 그들이 내면의 모든 고통을 가리기 위해 큰소리로 떠들어야만 한다는 사실을 알게 됐다.

엉뚱한 버스에 타는 것을 한마디로 죄라고 한다. 죄란 '하나님의 길이 아니라 내 길을 가겠다'고 말하는 것이다. 영어로 죄(sin)라는 단어 한가운데에는 나(I)라는 단어가 있다. 죄란 '하나님이 뭐라고 하든 나 하고 싶은 대로 하겠다'고 말하는 것이다. 우리의 필요는 하나님만이 채우실 수 있다. 죄는 하나님만이 주실 수 있는 것을 찾아 하나님만 빼고 모든 사람에게 달려가는 행위이다. 비단 나만 엉뚱한 버스에서 시간을 보냈을까? 아니다. 어떤 버스는 다른 버스보다 더 과격하다. 어떤 여행은 다른 여행보다 더 길다. 그러나

"우리는 다 길 잃은 양처럼 제각기 잘못된 길로 갔"다(이사야 53:6 현대인).

"만일 우리에게 죄가 없다고 하면 우리는 자신을 속이는 것이 되며 진리가 우리 속에 있지 않는 것이다"(요한일서 1:8 현대인).

"그러므로 율법을 지킴으로써 하나님 앞에서 의롭다고 인정받을 사람은 아무도 없"다(로마서 3:20 표준).

엉뚱한 버스에 타는 것은 심각한 잘못이다. 죄는 우리와 하나님의 관계를 단절시킨다. 우리는 그분과 함께 길을 가도록 되어 있었다. 그러나 엉뚱한 버스를 타고 엉뚱한 곳으로 갈 때 하나님이 한없이 멀리 느껴진다. 삶이 그토록 허무할 수 있는 것도 바로 그래서다. 목적지를 놓친 채 삶의 숙명을 다하지 못하고 있는 것이다.

죄는 하나님과의 관계만 깨뜨릴 뿐 아니라 다른 사람들과의 관계도 망쳐 놓는다. 버스에 꽉 찬 사람들과 함께 엉뚱한 곳으로 장시간 여행하는 것을 한 번 상상해 보라. 시간이 지나면서 모두가 기분이 뒤틀어진다. 아무도 가는 길이 즐겁지 않다. 여행은 비참해진다.

우리는 상담이나 오락이나 약으로 문제를 해결하려 한다. 그러나 아무것도 도움이 안된다. 성경은 말한다.

"사람의 눈에는 바른 길같이 보이나, 마침내는 죽

음에 이르는 길이 있다"(잠언 16:25 표준).

그렇다. 죄의 최종 결과는 죽음…, 영적 죽음이다. 바울은 말한다. "죄의 삯은 사망이요…"(로마서 6:23). 엉뚱한 곳으로 가는 엉뚱한 버스에 올라 평생을 보내 보라. 결국 엉뚱한 곳에 가 있게 될 것이다. 지옥에 가 있게 될 것이다. 하나님이 당신의 지옥행을 원하셔서가 아니다. 당신을 위한 그분의 계획은 천국이다. 당신의 목적지는 천국이다. 그분은 당신을 천국에 데려가실 수만 있다면 못하실 일이 없다. 단 한 가지 예외가 있다. 그분이 하시지 않을 일이 하나 있다. 그분은 당신을 강요하시지 않을 것이다. 결단은 당신의 몫이다. 하지만 나머지는 그분이 다 해 놓으셨다. 이 말이 무슨 뜻인지 잘 들어 보라.

해답 : 은혜

(올바른 버스로 가라)

문제가 죄이고 모든 사람이 죄를 범했다면 당신이 할 수 있는 일은 무엇인가? 교회에 나갈 수 있겠지만 그런다고 그리스도인이 되는 것은 아니다. 로데오에 간다고 저절로 카우보이가 되지 않는 것과 마찬가지로 교회에 간다고 저절로 그리스도인이 되는 것은 아니다. 하나님의 마음에 들기 위해 정말 열심히 노력할 수도 있다. 선행도 많이 할 수 있고 재물도 많이 내어 줄 수 있다. …다만 한 가지 문제는 도대체 선행을 얼마나 많이 해야 되는지 모른다는 것이다. 혹 자신을 다른 사람들과 비교하며 이렇게 말할 수도 있다. "나도 나쁠 수 있지만 그래도 최소한 히틀러보다는 낫지." 비교의 문제점은 다른 사람들이 표준이 아니라는 데 있다. 표준은 하나님이시다!

그렇다면 당신은 어떻게 할 것인가? 교회에 나가거나 선행을 하거나 남들과 비교함으로 구원을 얻지 못한다면 당신은 어떻게 구원을 얻는가? 답은 간단하다. 올바른 버스로 가라.

"하나님이 세상을 이처럼 사랑하사 독생자를 주셨으니 이는 저를 믿는 자마다 멸망치 않고 영생을 얻게 하려 하심이니라"(요한복음 3:16).

하나님이 하신 일을 잘 보라. "… 독생자를 주셨

으니." 그분은 바로 이 방법으로 당신의 죄를 해결하셨다. 이런 식으로 생각해 보라. 당신이 범행을 저질렀다고 하자. 당신은 법정 안 판사 앞에 있다. 판사는 그 범행에 대해 당신에게 사형을 선고한다. 그의 선고는 옳다. 당신은 유죄이며 그 범행에 대한 벌은 죽음이다. 그러나 그 판사가 당신의 아버지라고 생각해 보라. 그는 법을 안다. 당신의 범행이 사형에 해당함을 안다. 그러나 그는 사랑을 안다. 당신을 너무도 사랑하기에 그냥 죽게 둘 수 없다는 것을 안다. 그래서 그는 놀라운 사랑의 행위로 자리에서 일어나 판사의 옷을 벗고 당신 곁에 나란히 서서 이렇게 말한다. "내가 네 대신 죽겠다."

그것이 하나님이 당신을 위해 하신 일이다. 죄의 삯은 사망이다. 천국의 공의는 당신의 죄에 대해 죽음을 요구한다. 그러나 천국의 사랑은 당신이 죽는 것을 차마 볼 수 없다. 그래서 하나님은 이렇게 하셨다. 그분은 자리에서 일어나 천국의 옷을 벗으셨다. 그리고는 우리 대신 죽겠다고 말하러 이 땅에 오셨다. 그분은 우리의 구주가 되려 하셨다. 과연 그것이 그분이 하신 일이다.

"하나님은 그리스도 안에서 세상을 자기와 화해시키시고 사람들의 죄를 그들에게 돌리시지 않으셨으며… 하나님이 죄를 알지도 못하신 그리스도에게 우리 죄를 대신 지우는 것은 우리가 그리스도 안에서 하나님에게 의롭다는 인정을 받도록 하기 위한 것"이다(고린도후서 5:19, 21 현대인).

반응 : 믿음
(올바른 버스에 올라타기)

하나님이 당신에게 원하시는 일은 무엇인가? 하나님은 당신이 그분의 버스에 타기를 원하신다. 어떻게 버스를 옮겨 탈 수 있는가? 간단히 세 단계를 통해 가능하다. 죄를 인정하라. 예수님을 시인하라. 그리고 구원을 받아들이라.

1. 지금까지 당신의 삶에 하나님을 첫째 자리에 모시지 않았음을 인정하고 당신의 죄에 대해 그분께 용서를 구하라.

"우리가 우리 죄를 고백하면 신실하시고 의로우신 하나님은 우리 죄를 용서하시고 모든 죄악에서 우리를 깨끗하게 하실 것"이다(요한일서 1:9 현대인).

2. 예수님이 당신의 죄 값을 치르기 위해 죽으셨고 죽음에서 다시 살아나셨으며 오늘도 살아 계심을 시인하라.

"입으로 예수는 주님이라고 고백하고 하나님께서 그를 죽은 사람들 가운데서 살리신 것을 마음으로 믿는 사람은 구원을 얻을 것"이다(로마서 10:9 표준).

"〔예수님 외에〕 다른 이로서는 구원을 얻을 수 없나니 천하 인간에 구원을 얻을 만한 다른 이름을 우리에게 주신 일이 없"다(사도행전 4:12).

3. 하나님이 거저 주시는 구원의 선물을 받아들이라. 노력의 대가로 얻으려 하지 말라.

"하나님의 은혜로… 그리스도를 믿어 구원을 받았"다. "그것은… 하나님의 선물"이다. "그것은 우리의 선행으로 된 것이 아니므로 아무도 자랑할 수 없"다(에베소서 2:8-9 현대인).

"영접하는 자 곧 그 이름을 믿는 자들에게는 하나님의 자녀가 되는 권세를 주셨으니 이는 혈통으로

나 육정으로나 사람의 뜻으로 나지 아니하고 오직 하나님께로서 난 자들이"다(요한복음 1:12-13).

예수님은 말씀하신다. "볼지어다! 내가 문밖에 서서 두드리노니 누구든지 내 음성을 듣고 문을 열면 내가 그에게로 들어가"리라(요한계시록 3:20).

나는 당신에게, 당신의 삶을 위한 하나님의 목적지를 받아들이라고 전심으로 권하고 싶다. 그리스도와 함께 버스에 오르라고 권하고 싶다. 성경은 말한다. "[예수님 외에] 다른 이로서는 구원을 얻을 수 없나니 천하 인간에 구원을 얻을 만한 다른 이름을 우리에게 주신 일이 없"다(사도행전 4:12).

그분께 당신을 구원하실 기회를 드리겠는가? 이것이야말로 당신의 평생에 가장 중요한 결단이다. 지금 당장 그분께 당신의 마음을 드리지 않겠는가? 당신의 필요를 인정하라. 그분이 하신 일을 시인하라. 그리고 그분의 선물을 받아들이라. 하나님께 나아가 기도로 이렇게 아뢰라. "저는 은혜가 필요한 죄인입니다. 예수님이 십자가에서 저를 위해 죽으신 것을 믿습니다. 하나님이 주시는 선물을 받아들입니다." 간단하지만 영원을 뒤바꿔 놓는 기도이다.

반응

> 나는 예수 그리스도가
> 살아 계신 하나님의 아들이심을 믿는다.
> 나는 그분이 내 삶의 주님이
> 되어 주시기를 원한다.
>
> 서명 _____
>
> 날짜 _____

그리스도를 믿기로 결단했다면 이제 다음 세 단계를 따를 것을 권한다. 기억하기도 쉬울 것이다. 이 세 단어만 생각하라. 모두 'ㅅ'으로 시작된다. 세례. 성경. 소속.

세례란 예수님을 따르기로 한 결단을 외적으로 공표하며 기뻐하는 것이다. 세례의 물은 하나님의 은혜를 상징한다. 물이 몸을 깨끗하게 하는 것처럼 은혜는 영혼을 깨끗하게 한다. 예수님은 말씀하셨다. "믿고 세례를 받는 사람은 구원을 받"는다(마가복음 16:16 현대인). 사도 바울은 처음 신자가 되던 날 이런 질문을 받았다. "이제는 왜 주저하느뇨? 일어나 주의 이름을 불러 세례를 받고 너의 죄를 씻으라"(사도행전 22:16). 바울은 그 말대로 즉시 세례를 받았다. 당신도 그럴 수 있다.

성경을 읽음으로 우리는 하나님을 대면하여 만난다. 하나님은 당신의 말씀을 통해 성령으로 우리에게 자신을 계시해 주신다. "그리스도의 말씀이 여러분 가운데 풍성히 살아 있게 하"라(골로새서 3:16 표준)고 말한다.

교회에 소속할 때 믿음이 강해진다. 교회에 소속하지 않는 그리스도인은 소속 팀이 없는 야구 선수나 소속 부대가 없는 군인과 같다. 당신은 혼자 힘으로 살아남을 만큼 강하지 못하다. 그래서 성경은 "어떤 사람들과 같이 모이는 일을 그만두지 말고, 서로 격려하여 그날이 가까이 오는 것을 볼수록 더욱 힘써 모이자"(히브리서 10:25 표준)고 말한다.

세례를 받고 성경을 읽고 교회에 속하는 이 세 단

계는 당신의 믿음에 필수 단계이다.

　나는 당신이 이 위대한 구원의 선물을 받아들이기를 위해 기도한다. 다시 말한다. 이것이야말로 당신의 평생에 가장 중요한 결단일 뿐 아니라 당신이 평생 내릴 수 있는 가장 위대한 결단이다. 하나님이 주시는 구원의 선물보다 귀한 보배는 없다.

사랑

바 | 로

당 | 신 | 을 | 위 | 한 | 일

Postscript
HE DID THIS JUST FOR YOU

사랑

바로 당신을 위한 일

성육신의 가장 멋있는 부분을 알고 싶은가?

별들로 구슬치기를 하시던 분이 그것을 포기하고 구슬로 구슬치기를 하셨다는 사실? 이니다. 은하수를 걸어 놓으시던 분이 그것을 포기하고, 갚을 돈도 없으면서 물건만 빨리 해달라고 닦달하는 까다로운 손님 때문에 비위 상해 가며 문설주를 달아 주신 것? 이것 역시 아니다.

아무것도 필요하지 않던 분이 한순간에 공기며 음식이며 지친 발을 풀어 줄 뜨거운 물과 소금을 필요로 하게 되셨고, 그 무엇보다도 월급날 받은 월급을 어디에 쓸 것인가 하는 생각보다 영원을 어디서 보낼 것인지에 더 관심 있는 누군가를 찾아야 하셨다. 그러나 이것 역시 아니다.

또 그분이 마귀의 일을 하고 있다고 감히 입을 놀린 시시한 자칭 종교 파수꾼들에게 본때를 보여 주고 싶은 충동을 참으신 것도 대단하다. 그러나 그것도 아니다.

가장 가깝다는 여남은 명의 친구들이 배반하고 달아날 때에도 끝까지 침착함을 잃지 않으신 것, 그 부분도 아니다. "주님, 고개만 한번 끄덕여 주십시오. 말 한마디면 이 귀신들은 죄다 납작코가 될 것입니다" 하고 조르는 천사들에게 끝내 명령을 내리지 않으셨다. 그러나 그 부분도 아니다.

아담 이후의 모든 남녀 죄인의 온갖 죄를 대신 뒤집어쓰면서도 자기 변호를 거부하신 주님이지만 이것도 아니다. 천국의 법정에 무수한 유죄 판결이 울려 퍼지고 빛의 창조자가 죄인들이 가득한 밤의 냉기 속에 버려진 때에도 여전히 침묵을 지키셨다. 그러나 이것 역시 아니다.

사랑

 어두운 무덤에서 사흘을 보내신 후 환한 웃음으로 부활의 아침 햇살 속으로 당당히 걸어 나오시며, 초라한 루시퍼에게 "그것이 제일 센 주먹이더냐?"고 물으셨다. 그러나 심지어 그 부분도 아니다.

 이것들도 멋있다. 말할 수 없이 멋있다.

 그러나 천국의 면류관을 버리고 가시 면류관을 쓰신 그분의 가장 멋있는 부분이 무엇인지 알고 싶은가?

 바로 당신을 위해 그렇게 하셨다는 것이다. 바로 당신을 위해.

주

1. "너희가 악한 자라도 좋은 것으로 자식에게 줄 줄 알거든 하물며 하늘에 계신 너희 아버지께서 구하는 자에게 좋은 것으로 주시지 않겠느냐"(마태복음 7:11).
2. Frank Stagg, *New Testament Theology* (Nashville: Broadman Press, 1962), 102.

감사의 말

 어느 러시아 기독교인. 몇 년 전 어느 주일, 내 책상에 짤막한 메모와 함께 십자가를 하나 놓고 간 사람이다. 그는 예수님을 믿은 감격에 겨워 지금은 폐쇄된 어느 낡은 러시아 교회당에서 못을 뽑아냈다. 그리고는 그 못들을 엮어 십자가를 만들었다. 십자가 둘레에는 철조망으로 만든 면류관을 씌웠다. 가슴 뭉클한 이 작품은 지금도 내 사무실 벽에 걸려 있다. 이 책의 표지에 실린 십자가가 바로 그것이다. 비록 그의 이름은 모르지만 마음은 느낄 수 있다. 고마움을 전한다.

저자에 대하여

맥스 루케이도(Max Lucado)는 목사이자 작가로 텍사스 주 샌안토니오에 살고 있다. 아내와의 사이에 딸 셋을 두었다. 그는 예수님의 모든 약속이 진실이며 부활절의 아침 햇살이 영원히 흐려지지 않을 것을 굳게 믿고 있다. 그는 매주 오우크힐스 그리스도 교회에서 자신의 구주를 전하고 있으며, 「예수가 선택한 십자가」에서도 그분에 관해 쓴 바 있다. 이 소책자의 본문도 많은 부분 그 책에서 발췌한 것이다.